한 존재가 피어 있네

김정식 시집

문학의전당

自序

시는 몽매하게 자주 길을 잃어버린다.
언제쯤, 깨인 눈을 달고 제 우리를 찾아드는
갸륵한 양을 만날까.

生의 이마를 뚫고 나온
한 쌍의 뿔처럼.

| 차례 |

1부

2부

3부

4부

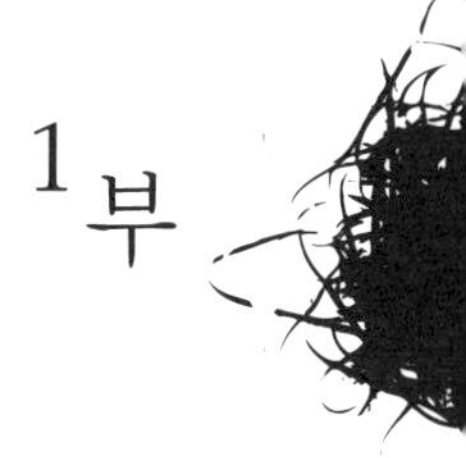

1부

날개

토막잠 속에서 날개를 본 이후
누에는 채반 위의 뽕잎을 배불리 먹었다

뽕잎은 한 잎의 별똥별
한 떨기 싱그러운 별무리를 말끔히 갉아먹어 치운 날
초록 잠을 헤치고 일어났다

고개를 내밀어 빛살에 눈을 닦고
바늘귀를 찾아 이리저리 머리를 흔들다가
입을 열어 한 올 비단길 뽑아낸다

날개의 한 올 비단길 감아쥐고
긴 비단길 깁는다

서리서리 들어찬 제 몸속의 꿈길을 모두 잇대어
성큼 깃 푸른 우화羽化에 닿는다

얼레빗을 생각하며

오래 묵은 반달 얼레빗 하나를
나전장 서랍에서 꺼내들고 빗질을 한다
쑥대머리 머릿결을 빗는다
대추나무 곧은 살결이 지나는 길에 솔솔바람이 인다
매양 무심결인 양 모른 체하지만
반달 얼레빗 굽은 언덕배기 등허리에는
황새가 청솔가지에 깃을 치거나 연잎 위의 개구리가
장좌불와長坐不臥 삼매에 들었다
구불거리며 몸을 비트는 고부랑길이나
수세미외 열매처럼 얼기설기 얽힌 시간을 건너려면
하릴없이 그 고요의 언저리를 툭, 건드려야 한다
잠잠한 문살을 마구 흔드는 철부지한 저지레는 아니기에
설핏 어둡은 낮빛으로 머뭇거리다가
헝클어진 머리칼을 슬며시 쓸어내린다

봉두난발 마음 밭이 촘촘하게 그물을 치는 날에는
까맣게 딱지 앉은 벌레들이 기어 나와 집을 짓고
오래 잊혀진 새 떼가 날아들어 낡은 죽지를 푸드득거렸다

설렁설렁 이곳을 지나야 한다

모름지기 가볍고 산뜻한 통과를 위하여
자꾸 가려워지는 정수리를 눌러 훤히 얼레빗질을 한다
성글고 둥글게

미술 시간
–오스트발트 색상환

한 잎에서 한 잎으로
온갖 색깔들이 한 바퀴 울을 치네
이미 잘 아는 낯익은 이름을 달고 있거나
틈새를 메우며 안 보이게 묻혀 있거나

첩첩 만 겹, 무궁한 잎들이 들메끈을 조여 매고
돌아보지 않고
무척 길눈 밝아 헤매지 않고
첫발로
순정한 모든 처음으로

백지 위에 닿는 빈틈없는 간격이 시간임을 알려 주네
시침이 수없이 초침을 삼키고 분침을 삼키며
배를 불려
천만 리 거뜬하게 내질러 놓는 길,
떼 지은 잎들이 해와 달의 둥근 발자국을 찍고 있네
길바닥을 쓸며, 쓸며

시나브로 댑싸리비 바람이 불고
티끌 없는

한 소식이 오고
또 다른 계절이 줄줄이 딸려 오네

자리

빈자리를 보면 가까이 가고 싶다, 빈자貧者는
방바닥에 등을 반듯하게 맞대고
팔 다리는 큰 대자를 쓰며 누워 천장을 올려보고 싶다
새순 돋아 줄줄이 뻗어가니 바야흐로 봄이 한창
사방연속줄무늬를 따라 사방팔방 훤히 열린 꿈길을 가뿐하게 걷다보면
가끔 그럴듯한 꿈 한 톨 맺히리라고, 빈자는
이처럼 꿈 한 줄기 고즈넉이 짚어가는
기댈 모서리와 울타리가 있는
어디서건 앉을 자리 설 자리가 있는
그런 빈자리를 보면 바람처럼 달려가고 싶다

무디어진 칼날은 숫돌 위에 서걱서걱 갈고
그중 잘 드는 칼 하나 골라내어 허공의 모판에 대고서
조심스레 귀퉁이 한 모를 곱게 떠올 수 있다면
알맞은 자리 하나를 발밑에 깔아둘 수 있다면
흰 종이에 명자꽃빛 글씨의 인감도장을 찍어 등기를 마치리
그러다가 한 생이 닳은 뒤에 빌린 자리를 닦아 다시 돌려주리라고, 빈자는
무진장한 허공을 올려보면 깨끗한 방석 하나 빌리고 싶고

빈 곳이 나면 털썩 앉고 싶다 쉬었다가 벌떡 서고 싶다
손잡이를 잡고 서서 덜컥덜컥 일렬로 절을 하는
손바닥이 붉은, 빈자는

간판들

건물 외벽과 지붕에 빽빽이 간판이 걸렸다
언제부터인가 새끼 치듯 연달아 제 주소를 올리더니
이즈음엔 셀 수 없이 많은 이름들이
먹이에 매달린 온갖 벌레처럼 떼로 붙어있다
타고난 끼를 부리거나 또는 진지한 자세로
문짝만 한 글씨를 달고 거창한 이력을 전하기도 하고
틈새에 끼여 명함만 한 얼굴을 빠끔히 내밀며
실낱 같은 자신을 조용히 알리기도 한다
제각기 그 운명만큼의 무게를 걸머지고
공중에 떠 있거나 벽을 붙들고 있는 저 이름들은
저잣거리의 불순한 일기에 삭아간다
오래도록 비를 맞아 부석하게 부어오르거나
햇볕에 거슬려 건조해진 몸에서는
메마른 흰 꽃이 피었다가 풀풀 떨어져 내린다
세찬 바람을 맞아 삐딱하게 기울어 목이 돌아가거나
획 하나 떨어져 원래의 저를 잃은 얼굴도 있다
이렇게 목숨 하나 덜커덕 걸어놓고
누군가를 오매불망 목을 빼고 기다린다
변덕 많은 날씨를 무던히 참으며 버티지만
간밤에 느닷없이 빈 공간이 생기거나

짧은 고별사가 잠시 벽면에 붙기도 한다
그래도 도리 없이 한눈에 띄는 단골 이름이고자
네 귀에다 나사못을 박고
혼신의 힘을 뻗어 지붕을 붙들고 있다

방문객

누가 다녀갔다, 아니
아직도 좁은 직사각 창틀 뒤에서 서성이고 있다
가만히 얼굴을 숨기고
의문의 말없음표를 꼭꼭 찍고 있다
(……)

가로로 굳게 지른 빗장
꼭 다문 저 입은 무엇을 말하려 함인지
곰곰 생각해 보아도 어림할 수 없다
분명, 하고 싶은 말들이 있긴 있나 보다
끝내 말 안 하고 총총히 자물쇠를 채우는 것은
가슴 깊이 비수를 품고 일격의 순간을 기다리는
싸늘한 무언의 눈빛을 보내는 것인가
생략의 부호를 던지며 침묵으로 일관하는 자의
저 불투명한 속내를 알 수 없다.

집을 비운 사이
몰래 흘러온 말없는 자의 불가해한 전언이
풍선처럼 부풀어 오르면, 대개 눈곱만큼 지은 죄 없어도
어슬어슬 초조해지는 것은 사람의 천성인가

얼굴을 가린 채 소리 없이 낄낄거리거나
새매 같은 눈동자를 번득이는 자
누구인가.
회청색 땅거미 드리운 직사각 창틀 뒤에는
누가 있다, 말없이 말의 그림자를 꾹꾹 찍고 있다.

생각에 잠기다가, 가운데 손가락의
강한 힘을 빌려 낯모르는 방문객을 물리친다.

방문객이 사라졌다.

검은 고래가 왔다

고래 한 마리가 밀려 왔다
잔물결을 일으키며 검은 잔등이를 슬쩍 보여주더니
설레설레 지느러미를 흔들어대더니
어느새 암벽처럼 한 자리를 차지하고
거대한 허파를 펄떡거리며 숨을 쉰다
모든 풍경이 숨결 속으로 쭉쭉 빨려 들어간다
흔들리는 나무와 풀포기가
키 낮은 사람과 우후죽순 자라난 집들이
새의 날갯짓과 세상의 길들이 빠르게 먹혔다
한껏 배를 채운, 고래의 우뚝 솟아오른
검은 몸뚱이가 태산 같다

고래가 뿜어 놓은 적막 한가운데로
소리가 빨려 들어간다, 귀신같다
붙잡힌 소리를 큰 울림통이 쿵쿵 소리를 낸다
안에서만 울린다, 맑은 소리로 울린다
양탄자에 바늘 꽂히는 소리, 나뭇잎 한 장이 떨어지는 소리
검은 딱정벌레 기어가는 소리까지
꼼짝없이 잡혀서 텅텅 울리고야 만다
차단된 울림통이 소란하다

이맘 때에, 낯선 외곽의 가늘게 눈 뜬 골목길도
말없이 손짓을 하며 취객을 빨아들일 것이다

검은 고래 한 마리, 불면에 지쳐서
나무와 풀포기와 사람과 집을
모든 길들을 희미하게 꾸역꾸역 뱉어낼 때까지

꽃피는 바닷가

꽃의 반경에는 종다리가 지저귀고
바닷가에는 갈매기가 어깨를 들썩이며 날고 있다

조팝나무가 배꼽을 쥐어 잡고
자지러지듯 한꺼번에 조무래기 꽃눈을 터뜨리면

소금기에 절은 바람이 갈지자로 날며
한꺼번에 풀썩 엎어져 끼룩끼룩 해안을 덮는다

꽃나무가 즐거운 뺑튀기를 하면 파도가 왈칵 흰 피를 쏟고
튀어 올랐다가 짓찧어대며 이리 쿵 저리 쿵

덜컥거리는 날개로 오르락내리락 시소를 타는
세월의 난장 한복판에는 웃음과 울음이

저울 앞에서

계산대 위에 빈 저울의 자세는 참 편안하다
지금 저울침은 0의 눈금 위에 놓여있다
말끔히 비운 선자의 결가부좌인가, 벗을 거 다 벗어버린 듯
씻을 거 다 씻고 털어 버릴 거 다 털어버린 듯
0의 수치에서 저울이 잔잔한 웃음을 보낸다

가게주인 아주머니 묵직한 고기 한 덩이를 올려놓으니
저울은 끙 하는 신음을 내고, 저울침은 힘겨운 듯 앞뒤로 비틀거리다가
겨우 자리를 잡고 멈췄다, 과부하가 걸린 탓인가
흔들림은 타고난 저울침의 속성인가, 다시 내려놓으니
저울은 본래의 편안한 모습으로 되돌아 왔다

가지 많은 나무에 새들이 둥지를 튼다던 당신들
등 저린 나귀의 뼈들 고스란히 내리고
봄볕의 나비처럼 가벼우신가, 내내 0의 수치로
엉덩이를 바닥에 붙이고 단정하게 앉아 계신 고요한 당신들
먼 먼 당신들,

빈 저울의 숨결은 고르고 참 편안하시다

옹이

그는 애초에 받아든 한 장의 빈 종이에
매일 손가락에 인주를 묻혀 찍어야 했다고

날마다 조금씩 하루분의 지문을 남겨
언젠가 온전한 한 장의 지도를 만드는 일은
미루거나 한눈을 팔거나 결코 거역할 수 없는
그가 부여받은 중요한 일과였다고

압통점에 꼭꼭 찍어 누른
숱한 날인의 시간이 지나가고
언제인지 모르게 그의 손가락엔 지문이 사라졌다고
고삐 풀린 망아지처럼, 겅중겅중 앞으로만
치닫는 하 세월에 물결의 소용돌이는 지워지고
열 손가락 끝에는 차돌멩이 단단한 옹이가 박혔다고

날인의 날들은 계속되지만
가령, 따뜻한 비눗물에 한 며칠 흠뻑 양손을 담가둔다면
여태 그의 육체를 부려 박아놓은 옹이에서
단단하게 엉겨 붙은 진액이 흘러나오고
부러지거나 꺾인 가지의 아문 흔적이 술술 풀려나와

빈 종이에 붉게 물들인

한 장의 완성된 지도를 볼 수 있을 것이라고

청맹靑盲

산 중턱에 접어드는 들목에 이르러
가던 발걸음을 멈추었다, 몇 갈래의 길이 흩어져 있다

정상에 있다는 전망대로 가는 길을 몰라
머뭇거리다가 고개를 돌리니
댓잎처럼 흔들리나 줄기처럼 꼿꼿하게
성큼성큼 옆을 지나가는 한 사람이 있다
길을 물으니 한 줄에 뚜르르 꿰듯 일러 준다
자기는 청맹이지만 잘 아는 길이라며 앞장서 간다

아니, 이렇게 분명하고 명쾌한 길잡이가 볼 수 없다니
그가 누구인지 전혀 분별하지 못하고
멀쩡한 눈이 안 보이는 눈에게 길을 묻다니
움찔, 푸른 글귀의 날카로운 반어에 허를 찔리듯
조금은 참담한 생각에 산 아래를 내려다보니
멀리 이곳까지 이어진 길이

갈래갈래 찢겨져 뿔뿔이 달아나고 있다
길은 가시덤불 속으로 숨어들고
길은 모퉁이 돌아 홀연히 사라지고

흰줄 구름처럼 희미하게 긴 꼬리만 남기는

곧 지워질 길을 뜬 눈으로 더듬거리며
한 잎의 푸른 잎사귀, 청맹을 앞세우고 뒤따라간다

틈

틈이 자란다, 몰래
갈라진 콘크리트 담벽에 틈이 자라고 있다
누가 돌아보지 않을 때를 기다려 슬쩍 잔가지를 치고 있다

철석 같은 믿음이란 애초에 없는지
물샐틈없이 단단하게 엉긴 돌덩이에 틈이 온 것이다
갈라진 틈이 새카만 칼날을 물고 있다

어긋난 뼈마디가 다시 만나지를 못하여 엉거주춤 틀어진 자세를 이끌며
칼날을 사이에 두고 차갑게 응시하고 있다

누가 이 칼날을 빼내고
찢어진 상처를 꿰매어 줄 것인지, 오히려 그 무엇이 틈바구니에 끼어들어
서툴게 비비적거리면 칼날은 반항하며 더욱 쩍쩍 벌어질 뿐이니
뭐 뾰족한 궁리가 없는가

장맛비에 흠뻑 젖은, 저 콘크리트 담벽이 불안하다

열쇠 구멍

문을 지나려면 이곳을 거쳐야 한다
문은 벽이지만 통과의례의 순간, 벽의 딱지를 떼고 광활한 출입구가 된다
그는 가끔 현관문 앞에서 생각에 빠지는 습관이 있다

열쇠를 걸고 순리대로 시계 방향으로 회전하면
찰나라고 해야 하나, 짧은 순간 찰칵하며 문이 열리며
도착을 알리는 경쾌한 신호음은 전해오지만

이 좁고 어두운 통로의 끝에는 허공의 선착장이 맞닿아 있는가를
정박 중인 배들이 빛나는 출항을 기다리고, 별자리의 이름을 단 무수한 배들이
저마다 힘찬 고동의 깃발을 흔들고 있는지를

문 앞에서 한 손에 열쇠를 쥐고
열쇠의 주인인 그가 묻는다, 그의 주인이 누구이며 열쇠의 처소는 어딘가를 되물어본다
열쇠 구멍은 아마 하늘 지도를 빠삭히 꿰고 있을 것이다

긴 숨이 필요한 날에는

씨앗으로 단단히 묶어서
윗목 시렁에 곱다시 매달아 둔 찰벼 봉지의
꼼꼼한 주둥이를 풀어낸 뒤에
고리버들 키에 담아
빈껍데기는 훨훨 까불어내고
돌멩이와 티끌도 골라내고
무쇠절구에 쏟아 부어 공이로 찧어 낸
한 됫박 남짓한 땟거리를
가마솥에 둘러 넉넉하게 물을 붓고
아궁이엔 마른 솔가지를 몇 다발 태워서
젓물 도는 흰죽을 쑤었다가
길게, 길게 차지게
끊어지지 않게, 끈기 있고 진득하게
몇 날을 두고두고 진국을 먹어 두는 거야
한 사발씩 떠내어 먹으며
빈창자에 조금씩 찰기를 붙여가며
허기진 배앓이를 느긋하게 다스려야 하는 거야
오방색을 수놓은 색깔 좋은 음식도
별 효험이 없고
백 가지 약방문을 받아써 보아도

백약이 무효인
긴 숨이 필요한 날에는

나무는 제 피를 부르듯이

벌레들이 나무의 몸뚱이를 갉아
움푹하게 주먹만 한 구멍을 남겼다
나무의 진액을 달게 빨고 몸을 키운 벌레들이
제 배설물을 흘리며 떠난 자리,
나무의 썩은 구멍 속으로
오직 남루뿐인 한 떼의 피난행렬이 들이쳤다

맹그로브 킬리피쉬 *
물 마른 웅덩이에서 파닥거리다가
연줄을 풀 듯 공중부양의 처절한 곡예를 펼치며
한 가닥 명줄을 나뭇가지에 걸었다
벌레들이 휑하게 뚫어 놓은 공터, 나무의 심장만 한 구멍,
행려의 피난처는 황폐하나 따뜻한 구석이다
물고기는 아가미를 바꾸고 낮게 눕는다

나뭇가지의 썩은 구멍은
나무의 채 아물지 않은 생채기거나 생채기가 아프게
아문 자국, 그 혈흔 속으로 들어가
파리한 목숨들이 둥지를 틀고서 가난하고
가파른 숨을 쉰다

할딱거리는 숨소리를 나무는 스스로 제 피를
부르듯이 심장에 불러들이며
나무는, 물고기를 안는다

* 맹그로브 킬리피쉬 : 대서양 서안 홍수림 지대에 서식하는 송사리 과의 물고기. 홍수림지대의 물웅덩이에 물이 마르면 축축한 나무 구멍 속에 들어가 다시 물이 차는 몇 달 동안 살아감.

2부

묵화

겨울의 문턱에서
멀쩡한 관음죽 잎사귀를 모두 떼었다
지치도록 푸르고 때 묻은
낡은 상록을 버렸다
줄기 끝에 보송하게 솜털을 달고 있는
움만을 남겨두었다
분 속에는 오직, 세 뿌리에서 밀어올린
세 줄기가 앙상하다
여백은 더 이상 손댈 것이 없다
순백의 눈보라와 얼어붙은 바람으로 채웠으니
한 폭, 겨울은 검은색과 흰색 차지다
헐벗은 육신 위에 오롯이 영혼만 남은
그림 한 장을 마쳤다
어떤 유채색도 얼씬하지 못하는 곳,
모진 추위를 견디는 일만이
남았다

벽걸이 거울에

처음 보는
날개짓이 안 보이는
온몸이 통째로 가뭇가뭇한
작은 벌레 한 마리 벽거울에 붙어 기어오른다

오르막을 껴안고
느린 몸짓으로 온힘을 다하지만
한순간 삐끗, 힘없이 굴러 바닥에 부딪힌다

뚝, 까만 씨앗 하나가 떨어졌다

고공낙하의 충격이 크다
뒤집혀진 몸뚱이에 오그린 사지가 침묵에 싸여 잠시
죽은 모습이더니
정신을 차린 듯, 꿈틀거리며
다시 가던 길을 타고 오르는 게 아닌가

벽거울은 겨를 없이 물 한 방울 새지 않는
아득한 바깥을 거느리고
검불처럼 매달린

외벽의 안쪽 한 곳에는 용하게도
껍질 사이, 움튼
한 존재가 피어 있네

볼펜

혀가 부드러운 너는 뛰어난 화술과 화법을 가졌다
백지 위에 입술을 문대며 깨알같이 쏟아내던 유정한
달변이었으니, 능란하고 유연함을 말한다면
감히 누가 너를 넘을 수 있겠느냐
굴러 내린 말이 씨알이 되고 땅 위에 꽃이 피고
단단한 열매를 맺게도 하니
너를 불러 가까이 벗하지 않는 이 있을까
어떤 호명에도 기꺼이 응하는 물방울의 발 빠른 성품을
가볍다 하여 가끔 투정을 하는 이도 있으나
코흘리개 학동에서 백발성성한 노숙에까지 골고루
너는 언제나 길든 하인이고 즐거운 길손이고
따뜻한 눈물자국이었다

한 번 이마를 짚어 주면 한 번 명쾌하게 대답하고
아낌없이 속마음을 전해주는 너의 진실이 있기에
백지 위의 나날은 충만했다
꼿꼿한 내면을 고통의 검은 색깔로 가득 메운 유용한
말들이 낮은 눈금으로 바뀌며 하얗게
비워질 때까지 달게 속삭여주는,
너의 궤적이 쌓인 서랍장 공책의 이력을 들춰보니

얼마나 많은 나날들이 오묘하고 깊은
형이상적 기쁨으로 채워지고 있는지를 알겠다
너의 한 생이 끝나고 손때 묻은 몸이 떠난 후에도,
묘비명 하나 윗주머니 쪽의 가슴에 꽂아두고
오래 추억하고 싶으니

주름

손풍금을 펼쳐보게나
닳고 닳은 흑백의 건반을 눌러 보게나
낡은 흰 살과 검은 뼈를 누르면
쌓인 산들이 물결치며 줄줄이 달려 나와
산이 산을 들쳐 업고
능선과 능선이 한 결로 맞물려오리
능선 사이 깊은 골짜기에
새들이 숱하게 빠트린 속눈썹이나 눈물방울이
날 개이거나 흐리거나
새 꽃잎이 피거나 한소끔 피다가 말거나
봄바람의 깃털 같거나
담들려 결리는 마음자리이거나
한바탕 접혔다가
한바탕 늘어지는 주름투성이가 온통
악기의 몸통이고 절창인 것을 알려 주리니
7부나 8부 능선쯤의
산 그림자 따라나서 갈라진 논배미를 살펴보고
질척한 논두렁을 맨발로 걸어보게나
맨가슴에 품은 그 산 골짜기를 골골이
좍좍 늘이고 좍좍 줄여보게나

소리

한순간 정점에서 만나
징 하게 한 몸으로 흐른다
징 징 징
울음이 그 곁의 울음을 쓰다듬고 달래며
여운으로 흐르다가 끝내
여백을 만들고
여백은 그 곁의 나이테와 짝을 짓는다
징 하게 잘 맞는 궁합 좋은
방짜 징 한 묶음이
징 하게 만나 소리를 낳는
징 징 징 어우러져 과녁을 뚫는
네 한 손에는 징을
한 손에는 징채를 쥐어주마

징 하게 울어다오
한 소리가 그 곁의 소리를 껴안아 돌며
징 징 징
한 궤를 휘돌아 다시 만나는

새

새들은 할 말이 많다
숲길에 들어서자마자 기다린 듯 말을 걸어온다
발자국을 뗄 때마다
가깝지도 멀지도 않는 거리에서
알맞은 믿음과 알맞은 경계의 눈빛을 섞어
이 가지 저 가지를 옮겨 다니며 할 말을 쏟아낸다
한쪽으로 엉겨 붙거나 한쪽으로 늘어지지 않게
적당한 보폭과 거리를 유지하는 일이란
권태 없는 팽팽한 삶의 방식이고 묘미인 것을
새들은 이미 경험으로 알고 있다
입을 열어 구구절절 풀어내는 새들의 수다에
이곳에서 해야 할 일이란
적당한 사이를 두고 가슴팍을 활짝 열어주는 일이다
새의 말들을 가슴이 차도록 몽땅 다 받아주는 것이다
토 달지 말고 어설픈 질문은 말고
귀를 열고 가만히 듣기만 하면
점입가경 말의 진수가 주르르 흘러나온다
버럭 소리를 지르거나 홀대하지 않는다면
종료버튼을 누르거나 매정하게 덮개를 닫지 않는다면
휴대폰 잘 들리는 어느 곳 세상 누구와도

쨍하고 선명하게, 이만한
고음질의 진솔한 통화가 어디 흔한 일인가

빗발

오늘은 구름 한 점 없는 맑은 날씨가 계속 되겠습니다.

이른 아침, 머리맡에 놓인 라디오에서 흘러나오는 낭랑하고 산뜻한 목소리의 일기예보를 믿었어.

돌연히 누군가 붓을 들어 일필휘지 성성한 대나무를 치더니, 검게 변한 종이를 번쩍 환하게 찢어놓더니 쾅, 우레와 함께 따다닥 콩알 튀는 소리, 굵은 빗줄기가 억수로 내리부었다, 앞이 보이지 않았다, 우비 없이 길을 나섰다가 미처 피할 겨를도 없이 피할 자리도 없이 꼼짝없이 흠씬 젖어야 했다, 정신없이 한참을 그렇게 따르더니 언제 그랬냐는 듯, 말끔히 흰 종이 한 장을 갈아 끼웠다.

젖은 옷을 벗어 볕살에 널어 말린다
축축하게 배인 마음의 습기는
오뉴월 한나절에 부쩍 웃자라난 풀잎을 뜯어, 닦아내고

긴 의자의 하루

집 앞 공터에는 몇 개의 긴 의자가 놓여있다. 배경엔 잎 많은 갈참나무가 널찍한 그늘을 멍석처럼 깔아 놓다 보니 여름 한 철엔 벌레 꼬이듯 사람들이 줄지어 모여든다. 홀로 혹은 삼삼오오 엉덩이를 긴 의자의 무릎에 올려놓고 서로 앞 다투어 빵빵하게 부풀어 오른 신변잡기 주머니 끈을 풀어 놓는다. 온갖 잡동사니가 솜사탕이 되어 찐득한 꿀물처럼 딸려 나온다. 마음이 태평인 긴 의자는 누가 와도 반갑게 맞아준다. 목줄을 찬 주먹만 한 개가 유리알 같은 눈알을 말똥거리며 무릎에 올라가 제멋대로 오줌을 흘려도 싫어하지 않고 곤드레만드레 낮술에 만취한 술고래가 무릎에 코를 박고 산천이 울리도록 세상 밖으로 곯아 떨어져도 깨우지 않는다. 사람들의 등쌀에 긴 의자는 요즘 다리관절을 앓는다. 관절에서 삐걱삐걱 뼈 앓는 소리가 수시로 들린다. 숱한 엉덩이가 걸터앉아 치대었으니 무릎이 성할 리 없다. 그래도 긴 의자는 할 말을 감추거나 잊어버린 듯 담담한 얼굴을 한다. 다리가 저리고 아파도 엉덩이를 돌려대며 살갑게 안겨오는 사람들의 사람냄새가 좋다. 넓은 가슴을 열고 달거나 쓴 하소연을 끝까지 듣다보면 어느덧 여름 한낮이 슬며시 긴 꼬리를 말아 올린다.

환삼덩굴

집이 헐린 빈터에 풀들이 자란다
제 세상을 만들며 온갖 풀들이 독장을 치고 있다
인적이 끊어진 야음을 틈타
풀들은 씩씩하고 활기차게 뻗는다
주인은 타인의 무단사용 절대불가를 알리는
거친 글씨체의 경고 팻말을 세우고
행인의 발길이 잦은 쪽에 양철 벽을 쳐 놓았다
계절이 쉴 새 없이 뜀박질을 하는 사이
바람과 눈비가 피부병을 앓는 사이
벽에는 수없이 종기가 돋고 구멍이 뚫렸다
벌건 진물자국이 낭자하다
발꿈치를 들고 모서리에 기대선 가시 더버기의
환삼덩굴이 양철 벽 작은 구멍으로
고개를 들이밀어 긴 목을 빼놓고 있다
몸은 반대편에 그대로 둔 채로
힘들게 목을 걸고 있는 모양새가 어찌 보면
칼을 뒤집어 쓴 죄인 같지만
틈새를 통하려는 욕망이 한결 같다
동전만 한 출구를 지나 또 다른 세상을 보려는지
오직 상처의 중심을 향하고 있다

그 길은 아픔의 통로이니
푸른 살과 뼈를 길게 뻗어 올린 환삼덩굴이
그 구멍을 뛰어 건넌다

코끼리

눈이 시린 봄날
나무들이 일제히 연초록 가르마를 타면
봄의 정수리만 환히 보였다
여름이 부쩍 자란 가슴을 봉긋하게 드러내기 전까지는
봄의 뒤쪽에 꼬리가 달려 있다는 것도
여름이 볕살에 데여 온몸에 열꽃이 돋고
녹두알 같은 땀방울이 후두두 고의춤에 떨어지는 동안에
지게 위에 얹고 가는 짐 더미의 뜻도
어렴풋이 가을의 발자국소리가 들리기 전까지는 몰랐다
여름이 가을의 등에 업혀 가는 것을
가을은 맑고 서글서글한 눈빛만을 보내주지 않는다는 것을
살결이 아려오며 앙칼진 겨울의 손톱이 사정없이
얼굴을 할퀴기 전까지는 몰랐다
양손에 한 줌씩 공기를 잔뜩 움켜쥐고서
낮은 시력으로 코끼리의 긴 코를
태산 같은 몸뚱이를 발바닥을 긴 꼬리를
꼬리에 꼬리를
철이 바뀌는 순간마다 잊은 듯 더듬거리고 있으니
어쩌다가 동물원 넓은 울타리 앞에서
훤하게 물리가 터지고 번쩍 눈이 떠지리라는 생각이야

애당초 넘볼 수 없는 일인 것을
한 번 쓰윽 훑어보고 한 눈에 쓸어 담기에는
코끼리는 너무 덩치가 큰 동물인 것을

유행성

배롱나무가 눈병을 앓는다
핏발 선 눈으로 한 계절의 중심과 마주하고 있다

눈빛 하나만으로도 급속이 번져가는
시리고 아픈, 눈물 나는
소리 소문 없이 밀려온 결막의 염증이 한창이다
초록 살결 위에 붉은 실핏줄을 터트릴 뿐
아직은 수그러들 기미를 보이지 않는다
절정의 끝이 무디어지면
조금씩 아물리라, 씻은 듯 맑아지리라

배롱나무 곁에서
청춘의 남자와 여자가 구름의 인사를 한다
언젠가 매우 감칠맛 나는
슬프지 않는 노랫말이 있었다고
제목은 잊었지만 감초 같은 유행가 한 가락을 기분 좋게 흥얼거렸다고
여운이 입안에 돌지만 곧 뒷맛은 무미건조해지고
개운해지리라고,
겹쳐 흐르다가 불현듯 흩어진다

말갛게 갠 빈자리다

몇 장의 흰 구름이 창공을 질러 빠르게 지나간다
아무 일 없는 듯이

잔설

한참을 기다린 듯

누구신가 조용히 햇빛 한 줄을 집어 들어
땅 위에 긋는다

숲의 이마와 검은 갈비뼈에 맺힌 흰 꽃송이들
흘러 지워지니

그 위에 봄이라고 적는다

진자리를 눌러 덮은
완연한 정자체 글씨 한 자가 따뜻하다

건조

푸른 하늘을 등에 업고
노파가 툇마루에 고추를 넌다
먼 길 굽이굽이 돌아오느라
마주친 벽이 조금씩 휘며 넘어져
길이 되어 가로누운 등뼈를 구부리고 앉아
주름진 손마디로 가지런히 세월을 널고 있다
빨갛게 익은 고추는 물기가 남아있다
팅팅 불어 아직도 채 마르지 않는
길고 매운 날들,
짜랑짜랑한 볕살에 내다 넌다
빨간 껍질에서 바스락 소리가 나고
노란 씨앗이 달그락거리면
바싹 메마른 노파의 몸 안에서는
덩달아 곱게 잘 마른 영혼이 굴러 나올 듯
달고 매운 향기가 솔솔 앞마당을 채우는
해맑은 날이다

퉁퉁마디

밀물과 썰물의 언저리에 서 있다
떠날 수 없어 정든 땅에
발목을 담그고 밥을 찾는다
밥이 출렁거린다 흩어진 쌀알을 걸러 모아
맑은 햇살과 간간한 바람에 씻어 안치고
뜨거운 볕살에 흰 밥물 푸르르 끓어올라 솥전을 적시면
물새의 비린 울음에 자작자작 뜸 들여
짠 밥을 짓는

한 줌의 소금은 밥이고 찬이니
짠맛 쓴맛 안 가리고 달게 밥술을 들다보면
살가죽은 퉁퉁 늘어나 마디마디
살이 차고 뼈가 여문다

등뼈에서 갈라져 사방으로 사지를 뻗는 산법算法이란
소금밭에 온몸을 절여
얕은 공중에 볏가리를 쌓는 일이라고,
다시 볏가리를 훑고 털어
밀물의 짠맛과 썰물의 쓴맛을 함께 버무린
몸을 씹고 소금의 밥을 씹는

끝내 보약이 되는

밀물과 썰물의 밥알을 입안에 몽땅 털어 넣어
퉁퉁, 마디가 모두 붉어 있다

* 퉁퉁마디 : 바닷물이 드는 갯벌이나 내륙염습지에 자라는 1년생 초본임. 약재로 쓰이는 염생식물.

물방울꽃

한여름 불볕 아래
젊은 아낙이 콩밭을 매고 있다
흰 무명수건 머리에 질끈 동여매고
콩밭 푸른 이랑 사이에 앉아 호미질을 한다
쪼그려 앉아 오리걸음을 하다 보면
온몸이 흥건히 땀에 젖고
껍질 속의 풋내 나는 콩알도 익어간다
어느 해인가는 콩밭에서 아이를 낳기도 했다
씨방 속에는 콩알들이 알알이 여물고
콩알 같은 땀방울을 흘릴 때마다
한 껍질을 뚫고 나온 콩알들이
저마다 넓은 세상 속으로 낱낱이 흩어졌다

재래시장 모퉁이를 돌아서며 보았다
까마득한 거리의 한 아낙이 콩밭 속을 걸어 나왔다
손등에는 검버섯이 돋고 반백의 머리칼이다
무릎을 접고 앉아 여름 푸성귀를 다듬고 있다
좌판 위에 수북이 쟁여놓은 생의 더미를 들척이면
숨을 들이켤 때마다
코에서는 쓴 약 같은 단내가 나리라

콩잎의 이슬처럼 이마에 맺히는 방울들,
두 무릎의 힘으로 더위를 걸터앉고
송골송골 피워내는, 예전에 이름 짓지 못한
쪼그려 피우는 이 꽃을 물방울꽃이라고 불러야 하나
꽃에서 풋콩 같은 연두의 향이 난다
이 꽃을 덮을 꽃이 어디 있느냐

3부

등藤

만리향 공원의 등 한 그루
받쳐 놓은 기둥을 모질게 껴안고 있다
긴 새끼줄 꼬듯
돌고 도는 굽은 세월의 똬리를 틀어
칭칭, 몸으로 엮은 멍에
좀체 찰나의 틈새도 허락하지 않을 기미다
풀리지 않는 전생의 끄나풀이 여기까지 흘러왔나
질긴 애증의 업業을 날숨으로 내어밀며
등은 기둥을 휘감고 소곤소곤 말한다
너를 가두는 것은
내가 너의 감옥에 이미 갇혀있기 때문,
질펀하게 엎드린 산발한 꿈이
아스라이 한 푯말을 곧추세워 온 허공을 덮을 때까지
오직 너의 창살에 기대설 뿐이라고, 치렁치렁
연보랏빛 비단 수의囚衣 옷소매를
가늘게 흔들며
등은 두 팔을 뻗어 더욱 견고한 자세로
한 기둥을 붙잡고 있다

먹이

–지하철에서

큰 짐승은 항상 배가 고프다
하긴 거대한 몸뚱이로 온종일을, 평생을 달려야 하니
긴 창자가 비어서야 어디 힘깨나 쓰겠으며
소소한 양으로는 간에서 기별이나 하겠냐만
발길 가는 곳마다 풍성하게 널린 먹이를 그렇게 삼키고도
제 위장을 다스리지 못해 만성 소화불량에 시달린다
꽉꽉 들어찬 더부룩한 속을 달래려면
어김없이 가던 발걸음을 멈추고 잠시 쉬어 가야 한다
한 번 길게 속 트림을 해야 하고
그때마다 소화되지 않는 뱃속의 먹이를 울컥울컥 게운다
반쯤 곤죽이 된 먹이가 나오기도 하고
팍삭 절여진 파김치도 나오고
제법 싱싱하게 살아있는 푸성귀가 통째로 나오기도 한다
그래도 짐승은 빈속을 채워야만 하니
운명 같은 식욕을 팽개치듯 버려서는 안 된다
열린 갈비뼈의 들숨 속으로 먹이가 쭉쭉 빨려들어 간다
말끔히 동이 나면 곧장 갈비뼈를 닫는다
그렇게 여닫으니 어찌 갈비뼈가 아프지 않겠느냐
밥 먹듯 게워내니 배고프지 않겠느냐

큰 짐승의 먹이가 되기 위해
어디선가 꾸역꾸역 쉴 새 없이 먹이가 밀려오고
가장 안락한 짐승의 내장 속을 두리번거리며
갈비뼈의 빈 곳으로 빨려든다
짐승의 살이 되고 피가 되는 질 좋은 먹이가 못되고
와르르, 팝콘처럼 튕겨져 나와
산산이 흩어지고 말지만

꽃방석

의자 위에 놓인 방석이 나른하게 하품을 한다
지금은 홀가분히 비어있는 시간이다
방석은 천근만근 늘어진 몸을 친하게 지내온 의자에게 통째로 맡기고
조금은 코끝이 알싸한 계면조 가락에 맞춰 팔자를 흥얼거린다
평생을 짓눌려 살아야 할 운명이라니
뭐 새삼스레 누구를 원망하고 미워할 처지는 아니지만
지친 몸뚱이를 주무르며 뒤돌아본다
엉덩이 자국에 눌려 찌든 지 오래되었지만
강보에 싸여 잠든 아기처럼 포근하게 껴안아 줘야
밀리거나 틀어지지 않고 속 편하게 서로가 편안해진다
성정 깔깔한 가시방석이나 뾰족하게 찔러대는
바늘방석이 되어서야 짧은 하루아침에 쫓겨나고 말 터이니
하룻강아지 범 무서운 줄 모르는 생각은 버려야 한다
수시로 밀어닥치는 무게에 사정없이 짓눌리다 보니
부풀어 올라 주체할 수 없던 살점은 찌그러져
실밥이 터지고 올은 낡아 생생하던 꽃무늬도 희미해졌다
향기도 빠져나가 한참 시들어버린 볼품없는 꽃 모양이 되었지만

꽃향기 날리며 벌 나비를 조롱하던 모란꽃이
희미한 눈으로 희미해진 한때를 건너다본다

방석은 아무도 없는 막간을 이용하여
낡은 몸을 마음껏 늘어뜨린 채
물간 꽃노래에 약속한 세월타령을 곁들이고 있다

갑자甲子

10과 12의 숫자가 만들어내는
두 톱니바퀴의 정연한 질서를 헤아려본다
지난 장맛비에 휩쓸려 군데군데 떠내려가고
돌풍에 우박 맞은 사과처럼 길은
흔해빠진 점 자국을 곳곳에 박아 두지만
아직 말끔한 자리도 남아있어 그 둘레를 맴돌다가
지워진 옛터를 끌어당겨 본다

엄지의 첫마디를 가벼운 신발 삼아
손가락 열두 마디를 징검다리로 건너뛰며
갑을병정과 자축인묘의 길을 가본다
이 빠진 톱니바퀴처럼 털컥 멈춰서며
몹시 숨 막히는 순간이 있으니
깊은 숨을 들이켜고 뱉다 보면 길은 길을 불러 이어 간다

갑은 을을, 을은 병을, 병은 정을 부르면
잡초 사이에서는 팻말 하나가 비스듬히 고개를 내민다
두 글자의 단정한 이정표다
짝을 맞춰 도는 녹록치 않은 의미를 밥 먹듯 읽다보면
어느덧 아침하늘에 가 닿을 것이다

닿아서 알게 될 것이다

갑자甲子에서 시작한 첫걸음이 계해癸亥를 지나면
다시 갑자에 들어서는 것을
그 길목의 첫울음을

방파제 위에

파도의 긴 발목을 단단하게 묶어놓은
콘크리트 방파제 위에
몇몇의 낡은 사내들이 둥글게 모여 앉았다
맘껏 가로질러 그어 놓은 한 획
먼 수평선을 경계 삼아
헌 신문지에 신발을 올려놓고 웃통을 벗은 채
일제히 술잔을 들고 있다
오랫동안 참고 공허하게 비워 둔
밑 빠진 빈 술통의 자물쇠를 따고
독한 술을 퍼 담고 있다
비틀거리며 다가와 옹벽에 엎어지는
얼큰하게 취한 바다를 퍼 나르고 있다
파도의 넓은 발바닥이 마르도록
닳고 닳아 파도의 발바닥이 뼈마디만 남도록
오래지 않아
굳게 빗장 지른 일자一字의
긴 수평선이 품에 안겨 무너져 내리리라

손바닥선인장

모래알 밥그릇에 혀를 대고
모래의 집에 오래도록 얹혀산다

길게 더부살이하는 동안,
때 없이 불어오는 한 줄 돌개바람 채찍에
휘감기며
몸뚱이는 퍼렇게 멍이 들고

달려드는 한여름 땡볕에 쏘여
따갑게 생살을 앓는 자리마다마다
뾰족뾰족
가시가 돋아났다

이제 속내를 숨기거나 은근슬쩍
눙치거나 감추지 않는다
추상적 화법은 맞지 않다, 바로 대고
예리한 직설로 뱉는다

가까이 오지 마라, 찔린다
푸른 생인손이 열독으로 아리다

낡은 독서

천고마비라고 하는 철 좋은 때의
독서讀書 한 편을 불러내어 뒤적거려본다

오래된 종이는 분명한 문장 하나를 보여준다
아직 까맣게 방점이 찍혀있고
늙지도 않는 밑줄 하나, 선명하게 그어 있다
대개 최초의 만남은 신비의 옷을 입듯
진실이라 믿었던 문장 한 줄,

티 없고 싹이 파랬다
헛간 구석에 숨어있던 모종삽을 찾아
제법 떡잎이 그럴싸한 묘목 한 그루를 옮겨 심었다고
나무는 정직하다고 꼿꼿하게
하늘로만 쭉쭉 뻗는다고
오문의 당당함을 느낄 때까지는
오독의 허기가 찾아오기 전까지는 그랬다
조금씩 살을 먹는 나무좀이 꼬이더니

이 문장은 여태 어느 골방에 묻혀 있었던가
생쥐가 다녀간 배설의 흔적이다

거뭇하게 곰팡이 슬고 누렇게 찌든
무너질 듯 바삭거리는 종이, 그 위에 얹혀있는
방점과 밑줄의 문장 한 줄,

정신을 놓치고 저 홀로 히득히득 웃다가 지쳐
한 점의 박제가 되어버린

말은 껌이 되어

사람들이 말을 씹는다
달콤하게 씹다가 미련 없이 버린다
공원광장 차가운 시멘트 바닥이나
길거리 보도블록에 수없이 검버섯이 피었다

낡고 닳은 시간 속에 조용히 피어나는 꽃인 줄 알았는데
하필 숱한 발길이 붐비는 소란한 곳에서
꽃은 몸을 빨판처럼 붙이고
온힘으로 바닥을 잡고서 엎드려 피었다

꽃망울은 애당초 사람들의 입속에서 자라나고 있었다
입안의 궁기를 달래려고 또는 심심풀이로
질겅질겅 씹다가 뱉어버린 정처 없는 말이
씹다가 버려진 단물 빠진 말이
독기 서린 까만 꽃이 되어 수없이 피어났다

사람들의 입이 열릴 때마다 한 송이 꽃은 피어난다
맛깔나게 씹다가는 용서 없이
길바닥에 사정없이 내동댕이쳐지는
술안주로 씹하는 땅콩이나 오징어 같은 말이

어금니 사이에서 보드랍게 갈리는 말이
길 위에 눌러 붙어 독기를 품고 있다

항간에 떠도는 입속의 말들이란 대개
이렇게 씹히다가 생애를 마치는 가련한 꽃인 것을
납작하게, 숱한 발길에 짓밟히는 말은

성냥불

인상착의 불명의
그맘때의 범인이 또 나타났다

여기저기 제 발길 닫는 데로
제 손길 가는 데로
삽시에 성냥불을 그어댄다
전국에 수배령이 떨어지고 곳곳이 비상경계 중이나
어느새 포위망을 뚫고 유유히 사라지는 용의주도함이란!

활활 타오르는 불길을
복면 속, 회심의 눈길로 돌아보며 달아나는
저 치명적 상습 방화범을 잡아라!

영산홍이 피고 또 봄이 간다

베갯잇 속에는 원앙이 산다

베갯잇 가까이 귀를 열면
밤이면 밤마다, 선잠이 데려온
한 쌍의 꿈을 만난다
사각거리는 꿈의 다정한 얘기를 듣는다
검은 강변의 긴긴 모래밭에 흰 무명
보료를 가지런히 깔고
빳빳하게 풀 먹여 시쳐놓은 한 장의
베갯잇에 얼굴을 대면
한 쌍의 꿈이 다가와
저희끼리 도란도란 말 꽃을 피운다
밤새워 방긋거리며 꽃이 핀다
무슨 꽃다운 사연이 그리 많은지
뒤척이며 쉬지 않고 꽃을 피운다
속살거리며 얼굴을 부비며
풀 먹인 베갯잇 속에는
한 쌍의 고운 원앙이 산다
긴 밤이 새도록
검은 머리 파뿌리 되도록

단잠

바탕 위에
잔뜩 물 먹인 화선지 한 장을 올리고
마음을 널어두면

어쩌다가
붓끝에서 똑, 떨어져 내린
먹물 한 방울이

사르르 순간을 적시며 번져 갈 즈음
달콤하게 혀를 내밀 즈음

먹물 한 방울이
천 갈래 만 갈래, 나부랭이 너덜거리는 무늬를
흠뻑 빨아들일 즈음

솜털 한 올을
세상 밖으로 슬쩍 밀어낼 즈음

귀뚜라미

귀뚜라미 울음은
살아있는 날개가 앓는 가락이라니
무지렁이 촌부들은
그 연유를 알 수 없고
귀뚜라미 속내를 알 수 없고

귀뚤귀뚤
울음이 흐르면 어찌할 수 없이
마음 한 끝이 말려 올라가는 까닭도
알 수 없는 일,

귀뚤귀뚤
마른 풀잎으로 귀를 닦고
귀뚤귀뚤
자꾸만 오그라지는 마음 한 끝을
잡아당겨 볼 뿐이라고,

써늘한 소슬바람에 접힌
엷은 옷자락을 펴듯

흐르는 풍경 1
—익모초

풍경의 네 모서리를 압정으로 꼭꼭 눌러 벽에 걸어본다. 무작정 흘러가고 흘러 보내는 것이 약이라고 하지만, 까맣게 잊은 듯 섭섭하게 흐르기만 하는 풍경의 한 모서리를 순간에 낚아채어 잠시 꼬챙이에 꿰어 매달아 놓는 일도 약발 좋은 쓴 약이 된다고, 펄펄 끓는 칠팔월 염천에도 토담 밑을 오롯이 지키는 봉선화 곁에서 빨간 입술로 서로 말 트며 지내는 익모초가 있으니 홍자색 꽃이 돋는 잎겨드랑이를 싹둑 낫질해 본다. 꽃이며 잎사귀며 대궁을 둥근 돌멩이로 꼭꼭 짓이겨 올 굵은 삼베보자기에 걸러내어 눈빛 아리도록 푸른 생즙을 눈 딱 감고 벌컥벌컥 마셔보는 것이다. 더위가 두 손 들고 한 발짝 물러서면 입안에서는 보리 알맹이가 미끈거리며 제법 단물을 내며 씹히고, 노랗게 가물거리던 눈꺼풀이 신기하게 떠지며 세상 둘레가 한결 훤해지면서 풀죽은 정신은 함초롬히 맑은 이슬을 머금을 것이라고.

흐르는 풍경 2
—신발

작은 쪽배 한 척이 떠간다. 일엽편주 홀로 흐르는구나. 오랜만이다, 재생타이어 검정 고무신이 칠문 반 고무신이 제 흥에 겨워 돌돌 굴러간다. 검은 색종이를 동그랗게 오려 붙인 듯, 때에 절고 햇볕에 그을린 발등이 가뭇가뭇 보인다. 검정 고무신은 만만하다. 바닥에 내동댕이쳐도 깨어지지 않고 웅덩이에 철벅 빠지는 날에도 꽁무니를 세워 탁탁 털어주면 그만이다. 살결같이 부드럽고 군말 없는 고무신은 참을성이 많아 여름 장마에는 같이 비를 맞고 엄동설한 눈밭에선 같이 언 발을 동동 굴리지만 바닥이 다하거나 못에 걸려 찢어지면 물방울은 뿌리의 끄트머리까지 홍건하게 스며들어 질척거리는 하루를 만들었다. 아이야, 강변 모래밭엔 사금파리가 숨어 있다. 안방 찬장 빼닫이에 갑오징어 뼈다귀가 있단다. 발바닥이 찢어질 때에는 돌멩이로 갑오징어 흰 뼛가루를 긁어내어 살갗에 뿌려 두어라. 신발을 벗지 말거라, 성한 발바닥으로 긴 강변을 따라 걸어가야 한다.

흐르는 풍경 3
—모자

어르신은 말총으로 만든 갓 하나 어렵게 장만하여 대나무 보관 상자에 넣어두고 아끼신다. 산비탈 풀 섶에 앉았다가 사람의 발소리에 놀라고 제풀에 놀라서 황홀한 날개를 푸드득거리던 장끼 한 마리, 달아나던 장끼가 빠트린 색 고운 긴 꼬리털을 주워 모았다가 갓에 묻은 먼지를 알뜰히 쓸어내시는 어르신은 갓끈을 바짝 조여매고 점잖은 흰 두루마기 차림으로 나들이를 하신다. 갓은 엄숙하고 어르신은 높다. 정중하게 의관을 갖추고 풍진 세상을 걸어가는 모자는 근엄하다. 그 모습을 흉내 낼 요량으로 모자가게를 둘레 보았으나 두꺼운 모자는 올무 같다. 쇠 한 근을 머리에 달아 놓으면 콩죽 같은 땀방울이 떨어지고 모자를 내리면 금세 산들바람이 불어와 머리칼을 시원하게 만져줄 모양새이니, 모자는 무겁다. 가장 가벼운 모자를 골라와 벽걸이에 걸어 두었으나 눈요기로 즐겨 볼 뿐 모자는 그림 속의 새였다. 장끼가 날아간 뒤 뽑힌 깃털 하나를 주워와 고요히 머리 위에 꽂고 싶은.

흐르는 풍경 4
–가방

가방의 주인이 가끔 가방 속에 들어가고 싶은 때가 있으니, 길을 가다가 사람들 앞에서 웃기게도 가방은 터진 옆구리를 드러내 보인다. 찢긴 데를 맞대어 또박또박 새겨놓은 바늘땀이 유난히 흰 이빨을 드러내고 웃는다. 비웃음은 아니기에 어설픈 웃음을 가방에게 다시 던져준다. 쪽빛 꿈을 담은 잉크병이 어쩌다가 발을 삐끗하여 넘어지는 때에는 파란 꿈도 질척하게 흘러내려 가방에는 멍 자국이 남고 진한 멍 자국에서에서는 아스피린 쓴 내가 나지만 향기 같은 쓴 내를 마시면 왠지 머리가 맑아지고 하늘이 드높아 보인다. 가방은 욕심이 많다. 배가 터지도록 꾹꾹 눌러 담아야 직성이 풀린다. 한여름의 질기고도 긴긴 하루해 탓이기도 하지만 홀쭉한 것은 배곯는 표가 되니 쭉정이일지라도 가방은 무엇이든 넉넉하게 들여놓고 싶고 양껏 부풀어 오르고 싶다. 가방은 늘 옆구리가 터지도록 배가 부르다. 무언가를 집어넣을 가방은 든든하고 믿음이 간다.

흐르는 풍경 5
—흑백영화

영화가 시작되면 화면 속에는 주룩주룩 비가 내린다. 맑은 하늘에도 빗줄기가 흐른다. 좌르르 빗발 때리는 소리를 내며 영사기가 돌아가고 마음 좋은 신의 눈빛 같은 전조등이 직선으로 길게 불빛을 뿜어내면 한 줄기 따뜻한 빛 속으로 하루살이 떼 같은 먼지들이 자욱하게 몰려온다. 세상의 온갖 먼지들이 내려앉지 못하고 떠돌고 있다. 어둠의 껍질을 한 겹 벗기면 더욱 진한 어둠의 속살이 보였다. 애절하게 시작하여 눈물로 종지부를 찍는 흔한 줄거리에 애간장을 녹이고 담배연기 자우룩한 삼류극장에서 사람들은 일심동체로 웃다가 운다. 어둠은 신기한 마력을 가졌다. 칼날처럼 파고들어 가슴을 찌르고 심금을 적신다. 흠뻑 빨려들어 한 번 젖고 나면 흥건히 젖은 채로 비련의 주인공이 입던 옷을 입고 밥을 먹고 똑같은 표정을 지으며 한 며칠 앓아야 한다. 대개 무쇠 빵틀에 찍혀 나와 모락모락 김을 내는 국화빵 슬픔이지만 한번 젖고 나면 왠지 막힌 속이 후련하게 뚫리고 묵은 때가 벗겨 나간다. 아직 영사기는 돌고 있다. 닳은 바람으로 스르륵스르륵.

4부

겨울 미나리꽝

얼음 속에 꽝꽝, 둥지를 틀고 있는
독한 미나리 철이 왔다

한동안 살얼음판 냉기가 흘렀다
무논에는 살얼음이 깔리고 이에 질세라
살기에는 독기로 맞서며
미나리는 푸르게, 결연한 의지를 굽히지 않았다

박빙의 승부를 겨루다가
결국 둘은 화해하고
서로를 받아들여 꽉 붙잡아 주기로 했다
싱겁게 쓰러지지 말고
한데 어우러져 척박한 겨울 한철을 나기로 했다

이 현장에서
얼음을 헤치며 미나리를 수확하는 농부들도
잠시 일손을 멈추고
화톳불을 껴안으며 추위와 맞서고 있다

가을의 서정시
—철원평야

곤룡포 금빛 옷자락을 펼치며 당도하신 이여
거센 태풍과 찌는 더위를 물리치고
이미 오래전에 먼 길을 떠나 오신 이여
이제는 당신의 모습만이 한결 뚜렷합니다
타고오신 초록 수레는 떠나온 곳으로 돌려보내고
목마르게 기다려온 백성 앞에
더없이 빛나는 풍채가 세상의 그늘을 덮습니다
억조창생이 당신의 풍성한 발치에 있습니다
진구렁과 숯불을 지나온
어렵고 목마른 자들이 당신을 올려봅니다
쩡쩡한 목소리로 명하세요
대쪽 같은 필체를 내려 전하여 주세요
좋은 볕살에 알알이 슬픔을 말려
쭉정이는 버리고 여문 알곡으로 빈 뒤주를 채워
집집마다 뒤란 굴뚝의 연기를 피우고
거리에는 풍년가가 넘치게 하세요
자진모리 상쾌한 장단을 술잔에 띄워주세요
지화자 상사디야 지화자 상사디야
이제 태평성대가 열리리니, 어질고 올곧은 이여
어린 백성을 어여삐 살피시어

낮게 깔린 모든 그림자의 미천함을
당신의 드넓은 금빛 옷자락에 품어 주세요

수목원 분재

한 그루 키 낮은 소나무가 뿌리를 내렸다
아무도 쉽게 흉내 낼 수 없는 근사한 옷을 입고
소나무의 상징으로 당당하게 서 있다
발치에는 근엄한 제 그림자를 깔고
시간의 뾰족한 부리가 물어다준 푸른 이끼와
시간의 자궁이 바닷가에 알을 까놓은 좌르르 윤기 나는
작은 돌멩이도 도란도란 모였다
휘늘어진 가지와 굽은 줄기가 제격인 소나무는
오랫동안 살을 덜어내고 뼈를 휘고
춤추듯 온몸을 비틀어서 선 고운 허리를 만들었다
허리를 굽혀 중심을 잡는 곡선의 힘이
한 그루 나무를 온전하게 지탱하고 있다

나달나달 낡은 물간 수사를 끌어다가 덧대어 꿰매놓으니
누더기가 되는 시,

부질없이 돋는 잎을 따고
제 흥에 겨워 치솟아 오르는 들뜬 곁가지는
싹둑, 가위질을 하여 한숨 죽이고
맑은 은유의 공손한 눈길을 보내야 한다

독야청청이라는 상풍고절이라는
기막히게 빼어난 자태를 하고 있는 저 소나무의
운율이 푸르고 깊다

달빛과 백합

야밤삼경, 가슴 아린 통증에 잠이 깨어
뜰 앞에 내려서니

기억의 옛 풍속화첩 속에서 부음을 받았던 여인이
늙지 않고 썩지 않고 무사히 살아있어요

그 모습 그대로
긴 날 눈썹 하나 야하게 고치지 않았어요

빙빙 하염없이 물레를 돌리며
뜰 안 가득 허옇게 실타래를 풀어 놓아요

그사이 마당가에는 몇 송이 백합이 피더니
훅훅, 입김을 내뱉어 어둠을 삭여요

질긴 실 뭉치 같은 향기는
한 식경이 흐르도록 내내 풀려 나오고

빈 장독의 고인 빗물 속에는
노란 환약 하나가 떨어져 진하게 번져가요

초점거리

풀잎에 얹혔다가
굴러 내리는 맑은 이슬의 발자국도
새의 눈망울에 맺혀있는 두근거리는 가슴도
렌즈 안에선 생생하게 살아 있었다
거짓 없이 또렷하고 분명했다
렌즈에서 눈을 떼니 세상 풍경이 흔들리고 있다
내내 바람이 불어 잔잔한 수면은
물거품을 일으켜
둘레가 모호하게 뭉겨져 있다
알맞은 보폭을 맞추지 못해
초점 없는 선과 면이 취한 듯 비틀거린다
한 겹 얇은 안팎을 읽지 못하니
사물의 거죽에는 안개꽃이 피어있다
한 치나 한 척 거리의
다만 한 뼘에 불과한 것을
한 뼘을 더하거나 빼면
퀭하게 찍힌 모양이 있는 것을
허방을 내딛거나 허상이 일쑤인 길가에
렌즈 밖 피사체의 거리는
조금씩 멀고 가깝고

어떤 도둑

도둑 떼가 지나는 자리에는
좀체 틀리지 않고 생생하게 돌아가던 토끼풀 꽃시계의
초침도 가끔 멈칫거린다, 멈춰서 졸음에 겨운 듯 흔들거리며
본래의 제 모습을 깜빡깜빡 잊어버린다

혹시 상하지는 않을까 반짝이는 은지에 싸 아껴두었던
씨앗 속의 곱상한 의미를 무시하고
습기를 깔아 좀을 먹인다
끈질긴 장마인가, 때 없이 휩쓸어 버리는 마을에는
든든하던 둑이 잘려나가고
끄떡없던 돌집도 천천히 물 먹여 허물어 버리고는
한 방울의 눈물 없이 떠나버린다

도둑이란 이렇게 몰래 와서 쓸 만한 물건들을 쓸어 담아
재빠르게 달아난다는 걸 뻔히 아는 터이지만
아무도 그 튼튼한 발목을 잡을 수가 없다
앞으로만 내빼는 뒷모습 뒤에
또 다른 도둑 떼가 고양이 발걸음을 뗀다
살금살금 지나가는 긴긴 행렬이다

덜컥 돌부리에 걸려 넘어지는 일 없이
종지뼈나 아킬레스건 하나 까딱없고 아무 탈 없이
굽지 않고 직선으로 간다

날씨

날씨의 표정 뒤편에는
몰래 도사리고 있는 감춰진 표정이 있다
쨍쨍한 해의 뒤쪽에 소나기가 버티고
조용하기 그지없던 맑은 하늘이 변심하여
벼락을 치고 유리알 우박을 때린다
난데없이 밭고랑에 달려들어
담뱃잎 우아한 넓은 치마폭을 갈기갈기 찢어
생선가시 같은 뼈만 남겨 놓거나
홍옥의 발그레한 볼을 앙팡지게 내리찍어
지워지지 않는 점박이 헌데 자국을 박아 놓는다

표정 뒤에 몰래 숨어있는 표정에 대하여
장수잠자리 큰 눈알을 부라려도 허사,
꽃의 뒤편에 너울대는 꽃뱀이 똬리를 틀고 있다는 걸
함박웃음 뒤에 승냥이 울음이 있다는 걸 알면서도
때마다 그냥 허수히 넘어갈 뿐인데
날씨의 숨구멍을 앞뒤로 들락날락거리다가
순식간에 표정을 바꾸고
팔을 휘저으며 삿대질을 하는
훼방을 놓는 손이 있다

지금, 어깨춤을 추며 신명나게 피어나는
나른한 봄날의 아지랑이 뒤에는
어떤 표정이 웅크리고 앉아 때를 기다리고 있을까

누수

타일 바닥에 물방울이 떨어진다
똑, 똑, 똑,

수도관 이음새에 뿌옇게 물 녹이 슬었다
안 보이는 틈새로 새어 나온 물의 입자가
방울이 되어 맺혀
홀로 맺혀 불안하게 대롱거리다가
좁은 간격으로 철저하게
빠른 직선으로 아프게 떨어진다

수직으로 곤두박질치는 것은 제 무게를 가누지 못하는
늘어진 살점의 가파른 떨림인지
돌연 주위가 소란스러워지고 축축해진다
문을 닫아도 들리고
그릇을 받쳐 놓아도 젖은 귀가 쉽게 마르지 않는다
똑, 똑, 똑,
갑자기 소리가 바뀌며 부호가 들린다

난데없이 이명이 온 것인가
가끔은 소리도 오그라들거나 헐렁해져 길밖에 나앉는지

끊임없이 공중에 떠서 갈고리를 달고 있다
고리 끝에 매달린 물방울이
떨어진다 부서진다
고인다

넘치도록 철철 넘치도록
받쳐놓은 양은그릇 낙수 통이 차오른다

씨눈

감자 한 알을 공처럼 이리저리 굴려보니
둥근 몸뚱이 곳곳에 씨눈이 박혀있다
옴폭하고 앙증맞다, 금방이라도
실눈을 뜨고 일어나 늘어지게 하품을 할 것 같다
싹을 틔워 꽃피우고 싶은 욕망이 꿈이라면
이렇게 많은 눈을 달고 꿈꾸고 있느니
꿈은 언제라도 찾아와 어디라도 쉽게 둥지를 튼다
쨍한 햇빛 아래 흙속에 뿌리를 내리거나
어두운 골방의 보관상자 속이거나
썩어가는 음식물 쓰레기통이거나
어디서나 쉽게 싹이 트고 꽃이 피나 보다
언젠가 삶은 감자를 먹고 배탈을 겪었다
창자가 뒤틀리는 심한 고통에
풍선처럼 부풀어진 배를 쥐어 잡고 신음했었다
미처 도려내지 못한 독 때문이다
꿈에도 독이 있는가, 독을 통과하지 못한다면
싹은 트지 않고 꽃도 피지 못하는가
알듯 말듯 눈웃음을 치는 씨눈 속에는
말갛게 눈 뜬 독과 꽃이 있다

수수밭

고요 속에 도사리고 있는 태풍의 눈이 예리하다
수수는 무언가 불길한 징조를 예감한 듯
직립의 자세로 골똘히 생각에 잠기다가
팽팽히 긴장의 끈을 잡고 맑은 귀를 뚫어 둔다
수런거리는 발자국소리가 가까워지고
드디어 갈퀴를 날리며 달려온 파발꾼의 전언을 듣는다
햇빛과 뭉게구름의 부음을 알리는 조선종이가 펼쳐졌다 접
힌다
큰 키의 피붙이 들이 일시에 머리채를 흔들며
서걱거리는 가슴을 맞대어 부비며 쓰라리게 곡을 한다
칠팔 척 허리를 구부렸다 폈다 들판이 엎어졌다 일어섰다
목쉰 파발꾼이 긴 밭고랑을 모조리 갈아엎고
둥글게 말아놓은 삼베 열댓 필을 너끈하게 밀어가며
넘실넘실 흔들어 깐다, 검붉은 물결이 인다

시월
―도선사 석불

모퉁이를 돌아서면
벼랑을 향해 가파른 돌층계가 길을 낸다
굳은살 발바닥을 털며 층계를 오르니
세 봉우리를 후광으로 쓰고 있는 마애불이 우뚝하다
마음을 훤히 뚫어낸 은자의 표정인가
무언의 말씀이 물처럼 흘러 나와
중심에서 가장자리로 번지며 둘레를 껴안고 있다
단단한 돌 속에 흐르는 물의 힘인가!
물고기처럼, 사람들이 모여 그득하여 고여 있다
사방을 병풍으로 둘러친 산이며
산에서 태어난 온갖 나무와 나무의 뿌리가 저질러
가지 위에 매달아 놓은 수많은 이파리들이
이제 막 울긋불긋 부끄러운 얼굴을 들고
이승의 업을 지워가려 한다
물든 이파리의 마지막 한 잎까지 훌훌 털어내고
낫 하나 들고 흉터 난 옹이는 찍어내고
삭정이 마른가지는 잘라내고 버릴 것들 버리는 중이다
깎아지른 돌덩이 하나를 양손으로 쓰다듬어
완성된 불佛이 되기까지는
사람들은 그 길을 헤엄쳐 거슬러 오르리니

돌층계는 하염없이 문드러지고
길은 닳고 닳아 흰 잿가루가 되도록

두물머리 느티나무

알만한 두 가문에서 흘러온 두 사람이
이마를 맞대고 맞절을 하는 기쁜 혼례의 장소에
주례사는 잔잔하고 길게 이어져 간다
한 자리에 정정한 붙박이로 서서
큰 뿌리에서 가지 위로 쉴 새 없이 뽑아내어
갈 길을 일러주는 싱그러운 잎사귀의 푸른 말씀은 변함이 없다
잎 진 계절에는 간추린 뼈의 얼굴로 내려 보며
부디 손 놓지 말고 대해에 이르라는 올곧은 당부를 전하는
혼례의 나루터는 코끝이 찡하고 따뜻하다
몰래 간사한 마음 품고는 가까이 갈 수 없고
바람도 휘청 꺾이는 묵직한 증인 앞에
누가 감히 성스런 합환의 뜻을 거스를 수 있으며
아로새긴 인연의 뜻을 따르지 않을까
모두가 바라보는 흔연한 눈빛만으로도
한 만남의 분명한 증거가 되는
이 좋은 혼사를 어느 누군들 기뻐하지 않을까
서로가 낯모르는 하객들은 어디선가 줄지어 찾아들어
한 만남 앞에서 축하를 보내고
인품 좋은 주례를 향해 진심어린 찬탄의 인사를 쏟아낸다

오랜 추억을 위하여 이 만남의 사실을
모두들 바쁘게 긴 필름 속에 착착 밀어 넣는다
오래전, 아주 오래전부터 이곳에는
백년가약을 굽어보고 증거하고 덕담을 주시는
뿌리 깊은 거인이 있었다고

간월암

오후의 쨍쨍한 해에 가려
달은 모습을 감추고
해의 뒷덜미가 뿌려주는 찬란한 은비늘 물결만
눈이 부시게 바라보았다
달은 보이지 않고
검은 바탕 위에는 또렷한 흰 글씨의
간월암看月庵 현판만이
어둠에 솟아오른 달이 되어 덩그렇게 떠있다
방문객은 무리지어 사진을 찍고
그 틈에 끼여, 흐트러진 매무새를 고치며 정자세로 서서

간看과 월月 두 글자를
조심스레 속단추로 눌러 심장에 박았다

곧이어 찾아들 저녁은
먼 바다의 두레박 하나를 공중에 길어올릴 것이다
캄캄한 병풍을 둘러치고 환하게 끌어올리는
깊은 내력을 알 수 없고
만면에 그득하게 채운 속뜻 또한 짐작할 수 없지만
밝아지거나 점점 어두워지거나

어느 곳에서라도
언제나 내 것인 양 볼 수 있으리라
품안에 끌어당겨 찰칵 박아놓은
달 하나는

백련지에서

네 마음이
진흙처럼 깊이 가라앉아
외로워질 때에는
못 밑바닥 뿌리에 닿아보렴
언제나 뿌리는 정겹고 힘이 세다
숭숭 구멍 뚫린 숨구멍을 따라
긴 팔을 쭉 내밀고는
활짝 넓은 오지랖을 펼쳐 받쳐 주리니
꽃이 오면 향기도 데려와
8월의 폭양 아래 백련이 피면
마음의 변죽에서 과녁으로 옮겨오며
정결하고 그윽해지리니
네 그림자 젖어
중심에서 미끄러져 비틀거릴 때에는
마른 꽃대를 따라 내려가 보아라
못물 속에 뿌리가 있다
흐린 물방울을 걸러 먹여
꽃송이를 피우는
따뜻한 든든한

의자 밑에는 풀들이

길가 쉼터에는 의자가 있다
길 위의 풀들이 의자 밑으로 거처를 옮겼다
길은 언제나 사람들의 차지일 뿐이니
쉽게 뿌리내릴 들뜬 욕망은 지그시 눌러둬야 한다
발길에 스치고 내리붓는 소나기를 맞아
한 귀퉁이가 살짝 찌그러지거나
한차례 후줄근히 비에 젖은 몰골이지만
그래도 모두 괜찮다고
안녕하다고 서로 눈빛인사를 한다
성한 몸뚱이를 밑천 삼아
이삿짐은 없이 달랑 맨몸 하나를 풀어 놓고
꼿꼿하게 고개 들고 꼿꼿하게 선다
각목으로 덧댄 무거운 지붕을 머리에 이고도
큰 두통 없이 별 불평 없이
쑥쑥, 의자 밑에서 풀들이 까치발을 한다
푯푯하게 아주 짙푸르게
빽빽이 빈틈없이 들어찬 뒷산의 눈부신 녹음은
등 비빌 든든한 빽으로 두고

거미야, 같이 놀자

이런 밤엔 아예
앞마당 한쪽에 짚방석을 깔아두자

초저녁에 놓친 무늬뿐인 노래 한 절이
일파만파 꼬리에 꼬리를 물고 온 동네를 염병처럼 떠돌다가
누더기를 걸치고 돌아오는,

어둠을 찌르고 달아나는 송곳 같은 바람도
이유 없이 영락없이 거미줄에 척척 걸리고야 마는,
그때마다 팽팽하던 적막이 출렁거리는 밤

귀 밝은 거미야, 같이 놀자
희미한 등잔불의 심지를 돋우고
신발 벗고 편히 앉아 아픈 허리를 주물러 주자

밤의 한 허리가 뭉툭 잘려나가
요통을 앓은 밤엔

조화調和

산수유나무의
연노랑 갓 난 얼굴에는
가지의 속살에서 묻어나온 촉촉한 양수가 흘러
안개처럼 자욱이 서려 있네
새끼 입들이 오물거리며 몸살 나 불어난
아린 젖줄을 빨고 뱃심을 모았다가
다정한 어둠의 젖가슴을 뒷심 삼아 톡,
앞으로 튀어나온 노랑과 밑바탕 검정이 짜 맞추는
애틋한 조화를
찬찬히 눈시울에 걸어 읽어 보네

누군가 일찍, 햇빛 드는 사립짝에 슬쩍 쳐놓은
금禁줄 한 가닥을 풀어

행랑채

남향의 오랜 행랑채엔
어린 길손 한 사람이 묵고 있다
한겨울의 매운 추위를 피해 찾아든
문지방이 낮은 그곳은
불빛 따뜻하고 아늑하였어라
문밖에는 흐르듯 조금씩 봄빛이 밀려왔다
그득하게 뜰 안이 차오르면
꽃망울은 화들짝 눈부신 얼굴을 내밀고는
어여삐 손을 흔들어 주었다
봄은 환상선 열차를 타고 가고 온다
그 자리에 정거장이 들어섰다
묵은 빈 땅에 자리를 정하고
주인처럼 눌러앉아 사는 아득한 마음이
행랑채에 머물고 있다
집은 따뜻하고 아늑하여라

| 해설 |

광활한 벌판에 삽을 뜨는 자의 의지와 이상

지연희(시인 · 수필가)

세상이라는 공간 속에 놓인 일체一切는 길가에 구르는 돌멩이 하나 혹은 시냇물이거나 미세한 모래알들 나무 한 그루일지라도 그 존재 자체는 기쁨이지 싶다. 시선을 부르지 못하는 무형의 텅 빈 공허에서 유형의 시선 속에 살아나는 감각의 눈뜸은 얼마나 경이로운 일인지 모른다. 그만큼 어떤 형상을 지닌다는 것은 절대적 존재가 갖는 조건이다. 김정식 시인의 두 번째 시집 『한 존재가 피어 있네』는 바로 그 같은 인식에 대한 탐구와 존재 확인이며 그 인식의 깃대 위에 잔잔히 흔들리는 깃발의 무늬 같은 것이다. '존재의 원형을 찾아 비상하는 흰눈썹 황금새의 초상肖像' 이라 명명했던 첫 시집으로부터 부단히 날아오른 또 다른 날갯짓을 본다. 광활한 벌판에 삽을 뜨는 자의 이상은 無에서 有를 향한 끝없는 존재의 고독과 갈망에서 비롯한다. 또한 없는 곳에서 무언가 있게 하여 시각으로부터 촉각에 이르기까지 감각하게 하는 창조적 발견을 하는 데 있다. 새 시집을 만나며 차분하고 담백한 목소리가 전하는 결 고운 파문을 느껴본다. 60여 시편들은 강물을 가르는 물고기의 지느러미처럼 쉼 없는 몸짓으로 피워낸 자존自存의 울림이다. 이는 곧 시 창작의 첫걸음을 지나 잎을 달고 열매를 맺으려는 고뇌의 결과라 생각되며 봄기운 속에 풀어놓은 그의 시편을 살펴본다.

꽃의 반경에는 종다리가 지저귀고
바닷가에는 갈매기가 어깨를 들썩이며 날고 있다

조팝나무가 배꼽을 쥐어 잡고
자지러지듯 한꺼번에 조무래기 꽃눈을 터뜨리면

소금기에 절은 바람이 갈지자로 날며
한꺼번에 풀썩 엎어져 끼룩끼룩 해안을 덮는다

꽃나무가 즐거운 뺑튀기를 하면 파도가 왈칵 흰 피를 쏟고
튀어 올랐다가 짓찧어대며 이리 쿵 저리 쿵

덜컥거리는 날개로 오르락내리락 시소를 타는
세월의 난장 한복판에는 웃음과 울음이

―「꽃피는 바닷가」 전문

계산대 위에 빈 저울의 자세는 참 편안하다
지금 저울침은 0의 눈금 위에 놓여있다
말끔히 비운 선자의 결가부좌인가, 벗을 거 다 벗어버린 듯
씻을 거 다 씻고 털어 버릴 거 다 털어버린 듯
0의 수치에서 저울이 잔잔한 웃음을 보낸다

주인아주머니 묵직한 고기 한 덩이를 저울에 올려놓으니
저울은 끙 하는 신음을 내고, 저울침은 힘겨운 듯 앞뒤로 비틀거리다가
겨우 자리를 잡고 멈췄다, 과부하가 걸린 탓인가
흔들림은 타고난 저울침의 속성인가, 다시 내려놓으니
저울은 본래의 편안한 모습으로 되돌아 왔다

가지 많은 나무에 새들이 둥지를 튼다던 당신들
등 저린 나귀의 뼈들 고스란히 내려놓고
봄볕의 나비처럼 가벼우신가, 내내 0의 수치에서
엉덩이를 바닥에 붙이고 단정하게 앉아 계신 고요한 당신들
먼 먼 당신들,

빈 저울의 숨결은 고르고 참 편안하시다

―「저울 앞에서」 전문

시는 현실세계라는 모방론적 관점으로부터 문학텍스트인 형식론적 관점을 통하여 작가의 역량이라 할 수 있는 표현론적 관점과 독자라고 하는 효용론적 관점을 거치지 않을 수 없다고 정의하고 있다. 결국 독자의 가슴에 닿기 위한 시인의 감성의 가닥들은 구체적 언어의 조합으로 결합되어 생명력을 지닌다. 다만 어떤 구조적 설계에 따를 것인가는 시인이 포착한 대상의 크기에 따라 시인 자신이 선택할 일이다. 위의 시 「꽃 피는 바닷가」는 몇 개의 연으로 연결된 의미들이 "지저귀고→날고" "잡고→터뜨리면" "날며→덮는다" "피를 쏟고→찧어대며" "시소를 타는→울음"으로 등 대구법의 형식을 취하고 있다. "꽃의 반경에는 종다리가 지저귀고/바닷가에는 갈매기가 어깨를 들썩이며 날고 있다" 즉 삶의 고통 한편에는 살아 숨 쉬는 기쁨 또한 상존하는 것이 인간세상이다. 웃음꽃과 울음바다를 연상하는 상충적 이미지가 마주하며 묘한 조화를 이룬다. 생의 애환을 꽃과 바다라는 대비되는 연결고리로 이끌며 간결한 구조로 아련한 풍경을 그린다.

"계산대 위에 빈 저울의 자세는 참 편안하다"로 첫 행이 시작되는 시 「저울 앞에서」는 어떤 마음의 무게도 지니지 않은 세속의 번뇌를 거친 해탈의 여유를 말하려 한다. 0의 눈금이 확보한 비어 있음으로의 안위다. "말끔히 비운 선자의 결가부좌인가, 벗을 거 다 벗어버린 듯/씻을 거 다 씻고 털어 버릴 거 다 털어버린 듯/0의 수치에서 저울이 잔잔한 웃음을 보낸다"의 저울은 이 세상의 질곡을 넘어 가뭇하게 멀어진 아버지와 어머니의 초상이다. "등 저린 나귀의 뼈들 고스란히 내려놓고/봄볕의 나비처럼 가벼우신가, 내내 0의 수치에서/엉덩이를 바닥에 붙이고 단정하게 앉아 계신 고요한 당신들/먼 먼 당신들" 이 지상의 노고와 등짐으로부터 벗어나 아득히 피안에 이른 어버이의 편안한 모습을 발견하고 0이라는 무한대의 공백과 평화를 빈 저울을 통해 묘사하고 있다.

틈이 자란다, 몰래
갈라진 콘크리트 담 벽에 틈이 자라고 있다
누가 돌아보지 않을 때를 기다려 슬쩍 잔가지를 치고 있다

철석같은 믿음이란 애초에 없는지
물샐틈없이 단단하게 엉긴 돌덩이에 틈이 온 것이다
갈라진 틈이 새카만 칼날을 물고 있다

어긋난 뼈마디가 다시 만나지를 못하여 엉거주춤 틀어진 자세를 이끌며
칼날을 사이에 두고 차갑게 응시하고 있다

누가 이 칼날을 빼내고
찢어진 상처를 꿰매어 줄 것인지, 오히려 그 무엇이 틈바구니에 끼어들어
서툴게 비비적거리면 칼날은 반항하며 더욱 쩍쩍 벌어질 뿐이니
뭐 뾰족한 궁리가 없는가

장맛비에 흠뻑 젖은, 저 콘크리트 담 벽이 불안하다

—「틈」 전문

문을 지나려면 이곳을 거쳐야 한다
문은 벽이지만 통과의례의 순간, 벽의 딱지를 떼고 광활한 출입구가 된다
그는 가끔 현관문 앞에서 생각에 빠지는 습관이 있다

열쇠를 걸고 순리대로 시계 방향으로 회전하면
찰나라고 해야 하나, 짧은 순간 찰칵하며 문이 열리고
도착을 알리는 경쾌한 신호음은 전해오지만

이 좁고 어두운 통로의 끝에는 허공의 선착장이 맞닿아 있는가를
정박 중인 배들이 빛나는 출항을 기다리고, 별자리의 이름을 단 무수한 배들이
저마다 힘찬 고동의 깃발을 흔들고 있는지를

문 앞에서 한 손에 열쇠를 쥐고
열쇠의 주인인 그가 묻는다, 그의 주인이 누구이며 열쇠의 처소는 어딘가를 되물어 본다
열쇠 구멍은 아마 하늘 지도를 빠삭히 꿰고 있을 것이다

—「열쇠구멍」 전문

문학 텍스트를 '명백한 자아 표현의 산물로 간주하는 것이 표현론적 관점이다' 라고 한다. 하여 문학 텍스트는 '인간의 경험이 들어나 있어 그것을 읽는 자의 경험과 합치하기를 바라는 마주침의 공간' 으로 해석하려는 비평가들이 적지 않은 것으로 안다. 때문에 '시는 강한 감정의 자연적 발로다' 라고 W. Wordsworth는 말하고 있다. 시인의 개별적, 절대적 감성으로 구현되고 있는 시는 시인이 영혼의 빛깔로 그려낸 체험의 가닥이다. 시 「틈」은 신뢰가 무너져 갈라진 공간이며 시 「열쇠구멍」은 벽의 딱지를 떼고 광활한 출입구를 열어내는 대상으로 나타난다. "철석같은 믿음이란 애초에 없는지/물샐틈없이 단단하게 엉긴 돌덩이에 틈이 온 것이다/갈라진 틈이 새카만 칼날을 물고 있다(「틈」 중에서)" 어긋난 뼈마디가 다시 만나지 못하여 틀어진 자세로 칼날을 사이에 두고 차갑게 응시하고 있는 관계이다. 금이 간 믿음으로 너와 내가 날을 세워 날카롭게 대치해 있는 현대인의 소통되지 못하는 불신의 관계를 들여다보게 한다.

반면 "이 좁고 어두운 통로의 끝에는 허공의 선착장이 맞닿아 있는가를/정박 중인 배들이 빛나는 출항을 기다리고, 별자리의 이름을 단 무수한 배들이/저마다 힘찬 고동의 깃발을 흔들고 있는지를(「열쇠구멍」 중에서)"의 「열쇠구멍」은 인간의 의식 속에서 쉽게 내려놓지 못하는 죽음이라는 문제와 극히 미미한 인간 존재가 품어보는 신과 세계에 대한 의문을 담고 있다. 열쇠구멍을 통하여 죽음의 의미를 읽어보고 그 죽음을 관장하는 초월자에 대한 질문을 던진다. 누구나 분명히 언젠가는 좁고 어두운 통로의 끝에 닿고 현세의 벽을 넘어 먼 출항을 기다리는 자세로 서게 된다. 아름다운 별자리의 이름을 단 배들이 힘찬 고동의 깃발을 흔들고 있는지를 물으며 신의 의미를 되새기게 하는 시편이다. 시인의 상상과 경험으로 구축된 시 「틈」이나 시 「열쇠구멍」은 틈과 열쇠구멍이라는 작은 공간에서 추출된 관념을 구체화하고 형상화하였다.

이런 밤엔 아예
앞마당 한쪽에 짚방석을 깔아두자

초저녁에 놓친 무늬뿐인 노래 한 절이
일파만파 꼬리에 꼬리를 물고 온 동네를 염병처럼 떠돌다가
누더기를 걸치고 돌아오는,

어둠을 찌르고 달아나는 송곳 같은 바람도
이유 없이 영락없이 거미줄에 척척 걸리고야 마는,
그때마다 팽팽하던 적막이 출렁거리는 밤

귀 밝은 거미야, 같이 놀자
희미한 등잔불의 심지를 돋우고
신발 벗고 편히 앉아 아픈 허리를 주물러 주자

밤의 한 허리가 뭉툭 잘려나가
요통을 앓은 밤엔

—「거미야 같이 놀자」 전문

푸른 하늘을 등에 업고
노파가 툇마루에 고추를 넌다
먼 길 굽이굽이 돌아오느라
마주친 벽이 조금씩 휘며 무너져
길이 되어 가로누운 등뼈를 구부리고 앉아
주름진 손마디로 가지런히 세월을 널고 있다
빨갛게 익은 고추는 물기가 남아있다
팅팅 불어 아직도 채 마르지 않는
길고 매운 날들,
짜랑짜랑한 볕살에 내다 건다
빨간 껍질에서 바스락 소리가 나고
노란 씨앗이 달그락거리면
바싹 메마른 노파의 몸 안에서는
덩달아 곱게 잘 마른 영혼이 굴러 나올 듯
달고 매운 향기가 솔솔 앞마당을 채우는
해맑은 날이다

―「건조」 전문

위 두 편의 시 중에 「거미야 같이 놀자」의 시간은 모든 사물이 정적에 갇힌 한밤이며 「건조」의 공간은 시골집 앞마당이다. 사람들이 하루의 일과를 마치고 지친 몸을 내려놓고 숨결을 가다듬는 아늑한 시공이다 . 시 「거미야 같이 놀자」에는 화자가 있고 특정한 인물을 지목하고 있지는 않다. 그 대상은 자유롭게 열려 있어 평범하게 살아가는 생활인으로서 고단한 낮 시간의 활동을 접고 밤의 시간 속에 스며드는 인물이기도 하고 시의 광맥을 찾아 헤매는 시인 자신의 모습일 수도 있다. “초저녁에 놓친 무늬뿐인 노래 한 절이/일파만파 꼬리에 꼬리를 물고 온 동네를 염병처럼 떠돌다가/누더기를 걸치고 돌아오는(「거미야 같이 놀자」 중에서)”와 다음 연의 “어둠을 찌르고 달아나는 송곳 같은 바람도/이유 없이 영락없이 거미줄에 척척 걸리고야 마는/그때마다 팽팽하던 적막이 출렁거리는 밤”은 내면에 깊이 자리 잡고 있는 온갖 미세한 감정들이 고요의 시간과 공간 속에 끊임없이 떠돌다가 결국은 남김없이 그물망에 걸려들어 밤의 깊은 적막 속에 자리한다. 한 편의 시를 찾아 불면의 밤을 보내는 시인의 모습이 엿보이는 대목이기도 하다. 밤의 한 허리가 뭉툭 잘려나가 요통을 앓는 아픔의 과정을 거쳐 한 편의 시는 생명을 얻고 삶 역시 인고의 과정 속에 새살이 돋아나는 법이다.

시 「건조」의 인물은 등뼈가 굽은 노파이다. “바싹 메마른 노파의 몸 안에서는/덩달아 곱게 잘 마른 영혼이 굴러 나올 듯/달고 매운 향기가 솔솔 앞마당을 채우는/해맑은 날이다(「건조」 중에서)” 라고 노래한다. 맑은 가을 하늘 아래에 기역자 굽은 등을 하고 고추를 널고 있는 정경이 한 눈에 선연하다. 주름진 손마디는 지난 세월을 고스란히 보여준다. 대개의 옛 여인들은 질곡과 고난의 길을 걸어 왔다. 빨갛게 익어 노란 씨앗이 달그락거리는 고추처럼, 고통을 익힌 한 여인이 햇빛도 서러운 청량한 가을볕에 슬픔을 말리는 영혼의 향기를 맡아본다.

파도의 긴 발목을 단단하게 묶어놓은
콘크리트 방파제 위에
몇몇의 낡은 사내들이 둥글게 모여 앉았다
맘껏 가로질러 그어 놓은 한 획
먼 수평선에 경계 삼아
헌 신문지에 신발을 올려놓고 웃통을 벗은 채
일제히 술잔을 들고 있다
오랫동안 참고 공허하게 비워 둔
밑 빠진 빈 술통의 자물쇠를 따고
독한 술을 퍼 담고 있다
비틀거리며 다가와 옹벽에 엎어지는
얼큰하게 취한 바다를 퍼 나르고 있다
파도의 넓은 발바닥이 마르도록
닳고 닳아 파도의 발바닥이 뼈마디만 남도록
오래지 않아
굳게 빗장 지른 한일자의
긴 수평선이 품에 안겨 무너져 내리리라

―「방파제 위에」 전문

풀잎에 얹혔다가
굴러 내리는 맑은 이슬의 발자국도
새의 눈망울에 맺혀있는 두근거리는 가슴도
렌즈 안에선 생생하게 살아 있었다
거짓 없이 또렷하고 분명했다

렌즈에서 눈을 떼니 세상풍경이 흔들리고 있다
내내 바람이 불어 잔잔한 수면은
물거품을 일으켜
둘레가 모호하게 뭉겨져 있다
알맞은 보폭을 맞추지 못해
초점 없는 선과 면이 취한 듯 비틀거린다
한 겹 얇은 안팎을 읽지 못하니
사물의 거죽에는 안개꽃이 피어있다
한 치나 한 척 거리의
다만 한 뼘에 불과 한 것을
한 뼘을 더하거나 빼면
퀭하게 찍힌 모양이 있는 것을
허방을 내딛거나 허상이 일쑤인 길가에
렌즈 밖 피사체의 거리는
조금씩 멀고 가깝고

—「초점거리」 전문

어떤 대상을 만나 무엇을 말할 수 있을 것인가는 매순간 사물을 바라보는 시인의 예리한 눈에 달려있다. 흔치 않는 문제(주제)들을 끌어와 양념(소재)을 버무리는 솜씨는 독자의 미각(감성)을 자극한다. 시 「방파제 위에」는 이와 같은 요소에 좀더 충실하다. 방파제 위에 몇몇의 낡은 사내들과 수평선, 파도, 술이 놓여 있다. 사내들은 "맘껏 가로질러 그어 놓은 한 획/면 수평선을 경계 삼아/헌 신문지에 신발을 올려놓고 웃통을 벗은 채/일제히 술잔을 들고 있다" 신발을 벗고 웃통을 벗은 채 일제히 술잔을 들고 있는 사내들의 그림이 그려진다. '오랫동안 공허하게 비워둔 밑 빠진 술통에 술을 퍼 담고 있다'는 내연의 의미에 주목하게 되는데 다음 행에서 보여주는 언어의 흐름이 본연의 의도와 만나게 된다. "비틀거리며 다가와 옹벽에 엎어지는/얼큰하게 취한 바다를 퍼 나르고 있다/파도의 넓은 발바닥이 마르도록/닳고 닳아 파도의 발바닥이 뼈마디만 남도록/오래지 않아/굳게 빗장 지른 한일자의/긴 수평선이 품에 안겨 무너져 내리리라 (「방파제 위에」 중에서)" 사내들이 얼큰하게 취한 파도를 퍼 나르고 파도의 넓은 발바닥이 말라 발바닥에는 뼈마디만 남는다는 시적 진술은 현실에 대한 절망을 술에 취해 잊고 싶은 심정적 표현이지만 한편 삶에 대한 강한 의지를 드러내고 있다. "오래지 않아 굳게 빗장 지른 한일자의 수평선이 품에 안겨 무너져 내리리라" 즉 바닷물이 술로 환치되고 그 바닷물을 다 마셔 수평선이 무너질 만큼 고뇌의 중심에 서 있지만 머지않아 항해의 닻을 올리고 싶은 암묵적 제시를 동시에 곁들인다. 사내들은 지금 항로를 잃은 채 뭍의 한 귀퉁이에 머물며 기다림의 술잔을 기울이고 있다. 시는 독자가 감상의 눈으로 새로운 의미를 세운다. 위의 시가 지닌 본연의 의도를 확연히 꿰뚫지 못한다 하더라도 그 안에 담긴 폭 넓은 의미의 유추는 독자만이 누릴 수 있는 선택이며 여유라 할 수 있다.

"풀잎에 얹혔다가/굴러 내리는 맑은 이슬의 발자국도/새의 눈망울에 맺혀있는 두근거리는 가슴도/렌즈 안에선 생생하게 살아 있었다/거짓 없이 또렷하고 분명했다/렌즈에서 눈을 떼니 세상풍경이 흔들리고 있다" 시「초점거리」의 일부이다. 시「초점거리」는 렌즈 안의 세상과 렌즈 밖의 세상을 보여준다. 풀잎에 얹혔다가 굴러 내리는 이슬의 발자국과 새의 눈망울에 맺혀있는 두근거리는 가슴까지 렌즈 안의 세상은 거짓 없는 순수의 공간임을 밝힌다. 하지만 렌즈 밖의 흐린 세상은 물거품이 일고 둘레가 모호하게 뭉개져 보이는 현실이다. 하여 초점 없는 선과 면이 취한 듯 비틀 거리고 한 겹 얇은 속을 읽지 못해 사물의 거죽에는 안개꽃이 피어있다고 한다. 이는, 사물이 지니고 있는 내외의 현상을 렌즈의 안과 밖이라는 관점에서 담담하게 바라보고 담아내려는 태도가 읽혀진다.

감자 한 알을 공처럼 이리저리 굴려보니
둥근 몸뚱이 곳곳에 씨눈이 박혀있다
옴폭하고 앙증맞다, 금방이라도
실눈을 뜨고 일어나 늘어지게 하품을 할 것 같다
싹을 틔워 꽃피우고 싶은 욕망이 꿈이라면
이렇게 많은 눈을 달고 꿈꾸고 있느니
꿈은 언제라도 찾아와 어디라도 쉽게 둥지를 튼다
쨍한 햇빛 아래 흙속에 뿌리를 내리거나
어두운 골방의 보관상자 속이거나
썩어가는 음식물 쓰레기통이거나
어디서나 쉽게 싹이 트고 꽃이 피나 보다
언젠가 삶은 감자를 먹고 배탈을 겪었다
창자가 뒤틀리는 심한 고통에

풍선처럼 부풀어진 배를 쥐어 잡고 신음했었다
미처 도려내지 못한 독 때문이다
꿈에도 독이 있는가, 독을 통과하지 못한다면
싹은 트지 않고 꽃도 피지 못하는가
알듯 말듯 눈웃음을 치는 씨눈 속에는
말갛게 눈 뜬 독과 꽃이 있다

—「씨눈」 전문

세상의 많은 의미들은 양면성을 지니고 있다. 낮과 밤으로 하루가 시작되고 마무리 되듯이, 선의 뒤에선 악이 도사리고, 하늘과 땅이 우주를 밀고 당기듯이 상생 또는 상충의 옷을 입는다. 시 「씨눈」의 메시지는 '말갛게 눈 뜬 욕망이 독을 품고 있을지도 모를 일' 이라는 상충된 의미를 내포한다. 감자 한 알의 작은 몸뚱이에 매달린 욕망은 언제라도 찾아와 쉽게 둥지를 튼다고 한다. 하여 "쨍한 햇빛 아래 흙속에 뿌리를 내리거나/어두운 골방의 보관상자 속이거나/썩어가는 음식물 쓰레기통이거나/어디서나 쉽게 싹이 트고 꽃이 피나 보다"라고 이 시는 말하고 있다. 하지만 삶은 감자 한 알 속에 숨어있는 욕망의 순을 미처 제거하지 못한 채 먹을 수밖에 없고 결국 배탈을 겪게 된다. "꿈에도 독이 있는가, 독을 통과하지 못한다면/싹은 트지 않고 꽃도 피지 못하는가" 꿈의 이면에 숨어 있는 독을 다스리지 못하면 싹을 틔울 수도 꽃을 피우기도 어렵다는 인식에 이른다.

김정식 시인의 시집 『한 존재가 피어 있네』의 읽기를 이렇게 마무리한다. 시 속에 녹아있는 시인의 사유와 내면의 깊이를 다 헤아릴 순 없지만 적으나마 몇 편의 시를 통하여 소감을 피력해 보았다. 조촐하게 차려놓은 언어의 단맛을 음미해보는 즐거움이 있었다. 무엇보다 첫 시집에서 보여준 '존재의 원형을 찾아 걷는 흰눈썹황금새' 의 걸음이 보다 뚜렷한 '존재의 꽃' 으로 잔잔히 피어나서 뒤울림을 하고 있다는 사실이다. 김정식 시인이 보여주고 있는 시의 장점은 무궁한 상상력이나 파격적인 시어의 구사가 아닌 절제된 감정과 시어다. 마치 김소월의 시 속에서 느껴지던 단아하면서도 가슴 아린 그런 시들이다. 설령 그것이 남들에게는 마치 전통 서정파의 추종처럼 보일는지는 모르나 그 가운데에 그만의 서정과 시세계를 다져가기를 바라는 마음이다. 봄의 문을 열고 생명의 온기가 가득한 계절에 시집 출간의 기쁨을 맞는 시인에게 축하를 보낸다.

문학의전당 · 시인선 112
한 존재가 피어 있네

초판인쇄 2011년 4월 22일
초판발행 2011년 4월 29일

지 은 이 김정식
펴 낸 이 김충규
펴 낸 곳 문학의전당
출판등록 제387-2003-00048호(2003년 9월 8일)

주　　소 121-718 서울특별시 마포구 공덕2동 404번지 풍림VIP빌딩 202호
전화번호 02-852-1977
팩시밀리 02-852-1978
블 로 그 http://blog.naver.com/mhjd2003
전자우편 mhjd2003@naver.com

I S B N 978-89-93481-91-4 03810